AVOIR UN ÂNE CHEZ SOI

Irène Van de Ponseele
Claude Lux

Avoir un âne chez soi

2e édition

Collection « Cheval pratique »
dirigée par Claude Lux

Vigot
23, rue de l'École-de-Médecine - 75006 Paris
2003

Dans la collection « *Cheval Pratique* » :

- Aumont J.C. *Comment dresser votre cheval, 3e édition,* 2002.
- Bartz J. *En attendant le vétérinaire,* 2002.
- Corbigny (de) É. *Équitation éthologique, tome 1.*
- Lecointe B. *Atteler chez soi, 3e édition*, 2002.
- Lux C. *Bien nourrir son cheval, 2e édition,* 1997.
- Lux C. *Le jeune cheval, 2e édition,* 1998.
- Lux C. *Votre vieux cheval*
- Lux C. *Les 1000 trucs du cavalier, 3e édition,* 2001.
- Lux C. *Mon poney, 2e édition,* 1998.
- Lux C. *Réaliser son écurie, 2e édition,* 1998.
- Lux C. *Bourrellerie, 2e édition,* 1998.
- Saint Vaulry (de) V. *Le cheval d'extérieur*, 3e éd.
- Saint Vaulry (de) V. *Communiquer avec son cheval*, 3e éd.
- Van de Ponseele I. et Lux C. *Je dresse mon âne,* 2002.

Hors collection :

- Lux C. *Guide du cavalier propriétaire, 5e édition,* 1998.
- Lux C. *Guide du cavalier randonneur, 3e édition,* 1998.
- Lux C. *Guide des métiers et activités du cheval, 2e édition, 1998.*

Illustrations : Aneth Patay
Photographies : Thierry Segard

Dépôt légal : janvier 2003 - ISBN : 2-7114-1608-9
Imprimé en France

SOMMAIRE

Jadis, l'âne était utilisé pour de nombreux travaux courants : tirer des attelages ou porter de lourdes caisses de bât. Cet âne transporte des caisses de ramassage du raisin qui vient d'être vendangé.

L'HISTORIQUE DE L'ÂNE

Lorsque l'on remonte aux origines de l'âne, il est étonnant de constater à quel point cet animal était intimement lié à la plupart des civilisations. Il fut cependant traité très différemment suivant les pays et les cultures.

Voici une jolie voiture normande restaurée et attelée à un âne, pour rappeler le bon temps dans une fête rurale.

L'ÂNE À TRAVERS LE MONDE

L'âne, ou *equus asinus*, est comme le cheval, un mammifère de la famille des solipèdes (équidés) et appartient à l'ordre des pachydermes. Ses cousins plus ou moins lointains sont le cheval, le zèbre, l'hémione, l'onagre, le kiang et le koulan.

Suivant les pays, l'âne se nomme :

- *Donkey* en anglais (*Ass* aux États-Unis),
- *Esel* en allemand,
- *Asino* en italien,
- *Hmar* en langue arabe,
- *Osel* en tzigane,
- *Aghioul* en berbère et en kabyle,
- *Lû* en chinois,
- *Hâmor* en hébreux.

2 500 à 3 000 ans avant notre ère, les Égyptiens avaient déjà apprivoisé l'âne sauvage de Nubie. Cet animal semble d'ailleurs avoir été domestiqué par les Sémites avant le cheval. Son berceau d'origine se situe certainement au nord-est de l'Afrique, dans les pays d'Orient. Il était présent en Europe dès l'âge de la pierre polie et des dolmens. Il fut introduit en Angleterre vers le Xe siècle et aux États-Unis au XVIIIe siècle. Il faudra attendre 1868 pour qu'il arrive au Japon.

ÂNE : CULTURE ET RELIGION

Alors qu'en Orient l'âne bénéficiait naturellement d'une grande estime, il fut toujours moins bien considéré en Occident, sans raison apparente.

La bible est jalonnée d'allusions à cet animal : il y est cité au moins cent trente fois et toujours favorablement !

L'ânesse est symbole de paix, d'humilité, de pauvreté, de patience et de courage.

Toujours dans la religion chrétienne, Joseph emmène Marie et son enfant Jésus à dos d'âne en Égypte pour fuir les persécutions d'Hérode. Plus tard, avant sa Passion, le Christ fait son entrée triomphale dans Jérusalem sur le dos d'une ânesse.

Chez les patriarches de la descendance d'Abraham, la richesse s'évaluait à partir du nombre de chameaux, de bœufs mais aussi d'ânes, et Job comptait dans son troupeau plus de cinq cents ânesses et de nombreux ânons.

Chez les Grecs anciens, l'âne est rattaché au culte de Cérès. Il joue également un rôle important dans le culte d'Apollon à Delphes.

En Inde, le livre sacré des Hindoux le Rig-Véda célèbre les ânes d'Indra, car il y est dit que les âmes de la noblesse sont réincarnées dans le corps des ânes. Dans ce pays, comme en Chine, l'âne blanc est la monture des entités célestes, des princes, des savants et même des héros.

Quant aux anciens bohémiens, ils offraient des sacrifices à l'âne comme une divinité.

En Europe les races les plus estimées étaient celles de Toscane en Italie, de Malte et d'Espagne.

En France, l'âne du Poitou est le plus connu.

UTILISATION DE L'ÂNE AUTREFOIS

En France, jusqu'en 1945, de nombreux « petits métiers » utilisaient les ânes.
En voici les principaux : le vigneron, dans le Midi et en Champagne ; le petit agriculteur, le maraîcher, les lavandiers du Midi, le chiffonnier, le rémouleur, le meunier, le berger, le marchand d'encre, le facteur, les bateliers dont les péniches étaient tirées par des ânes. À titre d'anecdote, c'est seulement depuis l'exposition universelle de 1889 que l'âne est attelé à de petites voiturettes dans les jardins publics. Avant cette date, on utilisait des chèvres ! Le lait d'ânesse fut utilisé jusqu'au début du xxe siècle à des fins thérapeutiques ou pour prévenir les rides !

Une scène d'autrefois en France, encore visible dans bien des pays.

L'ÂNE AUJOURD'HUI

Dans la plupart des pays d'Europe, le sort de l'âne a été très peu enviable. Pendant des siècles, il subit le mépris, la calomnie, parfois la brutalité et toujours le labeur.

Les ânes disparaissent progressivement des prés où on avait l'habitude de les voir. Seules présences : quelques poèmes et l'âne traditionnel de la crèche de Noël. Mais depuis quelques décennies, nostalgie de douceur, de sagesse et de simplicité. L'âne revient !
L'âne n'a pas changé, mais les mentalités ont évolué. Comme par miracle, ses défauts se métamorphosent en qualités et même parfois en vertus. Affublé autrefois de paresse, de stupidité et d'entêtement, on lui reconnaît aujourd'hui intelligence, courage et détermination.
On apprécie enfin sa grande faculté d'adaptation et ses réactions sensées.

L'âne est plus confortable sellé.

Attelé seul ou en paire, l'âne dispose d'une force de traction importante. Ici, une voiture en tubes montée sur des roues à pneus.

Une promenade en toute sécurité.

Son indépendance naturelle est acceptée comme une qualité et son obstination s'apparente à une réflexion. S'il brait, c'est pour s'exprimer. Ses farces et ses fugues, par la complexité des raisonnements qu'ils font intervenir, nous étonnent aujourd'hui. L'animal jadis méprisé, bénéficie enfin de qualités et de mérites.

UTILISATIONS ACTUELLES DE L'ÂNE

Aujourd'hui l'âne est utilisé davantage pour les loisirs ou la compagnie que pour le travail difficile. Dans de nombreuses circonstances, il continue à fournir des services importants parallèlement aux utilisations de loisirs : entretien des herbages et défrichage des parcelles non cultivées.

Lorsqu'il est adopté par une famille, il devient un animal de compagnie. Il est monté par les enfants, attelé à une voiture légère pour les promenades, mais peut également charrier le fumier des boxes abritant des chevaux et servir à de menus transports pour le jardinage. Il peut être bâté pour accompagner les randonnées, porter les bagages et éventuellement les enfants.

De nombreuses régions touristiques proposent des activités de randonnées accompagnées par un âne de bât. Avec un bât adapté, l'âne est capable de transporter des matériaux relativement lourds, en montagne par exemple, là où la charrette tractée ne peut passer. De nos jours, l'âne accompagne encore les bergers lors de la transhumance et sait écarter les chiens étrangers venus effrayer le troupeau. De plus, il est un merveilleux compagnon de voyage pour une personne désirant accomplir un pèlerinage ou une randonnée à pied. Dans les vignes et chez

Une promenade familiale toute simple.

Un bel attelage avec collier et charette ancienne.

L'âne mange ce que le cheval refuse.

les petits maraîchers, cet animal remplace avantageusement le tracteur. C'est un excellent compagnon pour un cheval solitaire en pâture. Il broute ce que les chevaux refusent et calme par sa présence les poulains et les chevaux nerveux.

L'âne thérapeute

L'âne peut offrir aux personnes handicapées la possibilité de travailler, de se divertir et de se déplacer hors de leur institution.
Son calme naturel et sa familiarité créent rapidement un contact affectif.
Sa lenteur, sa taille raisonnable et son sang-froid naturel sont autant d'éléments rassurants.
Les enfants perturbés trouveront un élément d'équilibre à son contact.
Il est inutile d'être féru en équitation pour profiter pleinement de toutes ses possibilités.

Calme, rassurant, l'âne affectionne les caresses.

CONNAISSANCE DE L'ÂNE

PARTICULARITÉS

La conformation de l'âne se rapproche de celle du cheval mais en diffère cependant sur les points suivants :

LA TÊTE

Elle est plus forte, avec un front plus large.

- *Les yeux* cerclés de blanc sont plus clairs et moins proéminents. Leur forme tombante lui donne un air mélancolique.
- *La bouche* de l'âne est petite et les dents pourvues d'un émail très dur sont plus étroites et plus espacées. Leur degré d'usure permet de reconnaître l'âge de l'âne jusqu'à 16 ans environ.
- *Les naseaux* sont moins dilatés que ceux du cheval. Cette disposition des voies respiratoires ainsi qu'une poitrine étroite expliquent que l'âne supporte moins bien les allures rapides et prolongées.
- *Le poitrail :* son volume conditionne ses capacités respiratoires. Elles peuvent être améliorées par un travail régulier.
- *Les oreilles* sont plus longues et plus larges, mais tout aussi mobiles.

LE CORPS

- *Le garrot* est peu proéminent.
- *Le dos, les reins et la croupe* de l'âne sont sensiblement sur la même ligne. Il ne dispose que de cinq vertèbres lombaires alors que le cheval en a six. Son rein est donc plus court, ce qui diminue sa souplesse et le rend inconfortable au trot mais augmente sa force et améliore ses capacités de porteur.
- *Le dos,* naturellement droit, peut s'enseller avec l'âge, par usure de travail, à l'issue de gestations trop nombreuses ou encore par excès de saillies chez l'étalon. Il est marqué par une bande brune qui prolonge la crinière jusqu'à la queue et forme une croix au niveau des épaules. On parle de croix : de saint André, du Christ, de Saint-Antoine ou de raie de mulet ou de bande cruciale.
- *Les extrémités des membres* peuvent être zébrées.
- *La croupe* est courte et inclinée.
- *La queue* est courte et moins garnie.

Le Baudet du Poitou est la plus ancienne race française reconnue par les Haras Nationaux. Le Poitevin est reconnaissable à sa toison épaisse qui se détache par plaques feutrées.

- *La crinière* est courte, droite et retombe parfois chez l'étalon.
- *Les membres* sont fins avec une châtaigne uniquement à chaque antérieur contrairement au cheval qui en a aux quatre membres.
- *Les sabots* sont étroits et relativement hauts. La sole est concave. La corne dure et sèche résiste mieux à l'usure. Il sera ferré uniquement s'il travaille sur un sol caillouteux et abrasif.
- *Les robes* sont formées de poils secs très courts en été. Ils poussent abondamment dès la fin des chaleurs et forment une épaisse toison qui protège l'âne du froid. L'ânon naît avec un poil épais, serré et particulièrement long. C'est la « bourre », qu'il perd dès la deuxième année. Le tour des yeux, le nez et le dessous du ventre sont plus clairs et le poil plus doux. Les robes les plus courantes sont : gris, noir, marron, beige, blanc (gris très clair), parfois rosé, pie, ou moucheté.

DIFFÉRENCES DE CARACTÈRE ENTRE L'ÂNE ET LE CHEVAL

La familiarité naturelle de l'âne le fait ressembler davantage au chien qu'au cheval. Vivre avec un âne est relative-

Les différentes parties du corps.

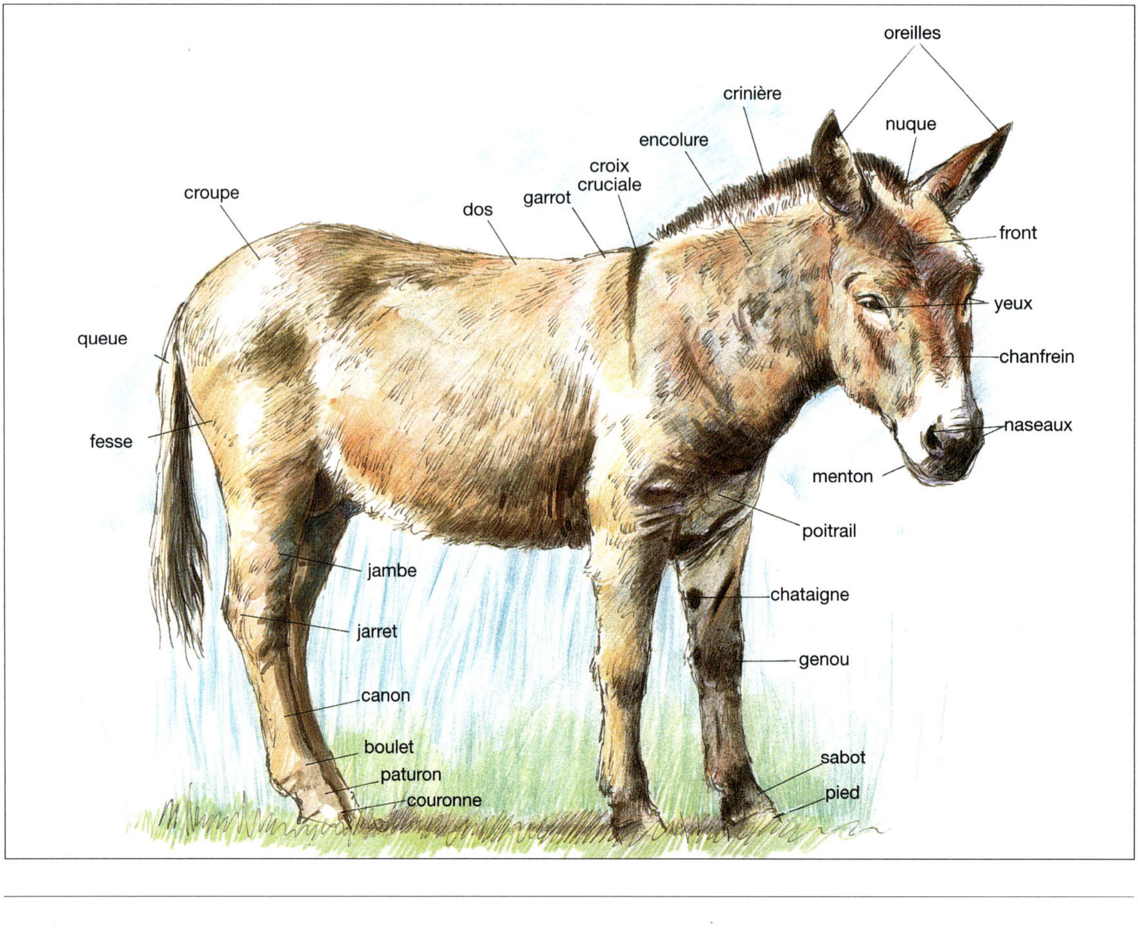

L'âne peut jouer avec le chien, mais aussi avec le ballon.

ment simple mais demande du bon sens et quelques connaissances. Il faut le traiter avec fermeté, ne pas le suralimenter et ne pas abuser de sucreries pour éviter de le rendre caractériel ou malade.

CE QUE L'ÂNE AIME OU N'AIME PAS

• ***Il aime***

- herboriser dans les friches,
- ronger l'écorce des arbres,
- ouvrir les portes,
- pénétrer dans les maisons,
- être nourri à heures fixes,
- boire de l'eau propre,
- être étrillé,
- se rouler dans la poussière,
- la compagnie des humains,
- la compagnie des autres animaux.

• ***Il n'aime pas***

- la solitude,
- traverser l'eau,
- la pluie continue,
- qu'on lui touche les oreilles,
- les chiens étrangers sur son territoire,
- les personnes agressives ou qui crient,
- les odeurs fortes,
- les charges trop lourdes,
- le pain mou qui fait chewing-gum.

L'âne sait exploiter les faiblesses de son maître avec une tendance à imposer sa loi si vous lui en laissez la possibilité.

L'âne aime la compagnie, mais il n'apprécie pas la pluie.

Son moment préféré : se rouler dans la poussière.

Se relever est tout un art.

COMPORTEMENT EN TROUPEAU

Dans un troupeau d'ânes, il ne semble rien se passer. Mais les rapports d'autorité de dominant à dominé sont plus subtils et plus discrets que chez les chevaux : un regard, un grognement ou une oreille baissée suffisent à imposer la hiérarchie. Le changement de dominant ne se fait pas à la suite de bagarres, mais parce que ce dernier décide de céder sa place.

RACES ET TYPES D'ÂNES

Jusqu'en 1994, seul le baudet du Poitou était reconnu par le ministère de l'agriculture. Depuis, cinq races régionales bien particulières ont été sélectionnées et chacune d'entre elles a son propre *stud book*.
Les autres ânes restent regroupés sous l'appellation « ânes communs ou ânes français » ils n'en sont pas moins intéressant si leur morphologie est correcte ; ils gardent l'avantage de ne pas être standardisés. Leur physique souvent unique les rend très attrayant.

LE BAUDET DU POITOU

L'origine de cette race reste un mystère. Elle est considérée dans le monde entier comme la plus ancienne et la plus pittoresque. Le baudet du Poitou fut et reste renommé pour la qualité des mules Poitevine qu'il engendre avec la jument mulassière.
Son livre généalogique (*stud book*) est instauré depuis 1884 et n'a jamais été interrompu.

• ***Taille moyenne***
- pour le mâle : 1,40 à 1,55 m,
- pour la femelle : 1,35 à 1,55 m.

Sa fourrure est très épaisse formée de mèches de poils pouvant arriver à terre.

• ***La couleur de la robe***
Elle est bai brun (châtaigne) pouvant aller de la couleur de la fougère sèche au bai brun très sombre.

L'ÂNE GRAND NOIR DU BERRY

• ***Race reconnue en 1994***
Grand âne noir utilisé autrefois pour tirer les péniches le long des chemins de halage, pour les travaux des champs et de la vigne.

• ***Taille à 4 ans***
– pour le mâle : à partir d'1,35 m,
– pour la femelle : à partir d'1,30 m.

Voici Vagabond du Berry, étalon Grand Noir du Berry appartenant aux Haras Nationaux.

• ***La couleur de la robe***
Elle va du bai uni allant jusqu'au bai foncé et même bai brûlé sans croix de Saint André ni zébrures sur les membres.

L'ÂNE DE PROVENCE

• ***Race reconnue en 1995***
Originaire d'Arles, l'âne gris de Provence est un modèle solide à forte ossature. Il accompagnait les troupeaux de moutons lors des grandes transhumances. Bâté, il portait l'alimentation, les effets personnels du berger et les agneaux nouveaux nés. Cette activité en déclin est toujours présente dans la région.

• ***Taille à 4 ans***
- pour le mâle : 1,20 m à 1,33 m,
- pour la femelle : 1,17 m à 1,30 m.

• ***Couleur de la robe***
De gris très clair à gris tourterelle avec la croix de Saint André noire, bien marquée.

L'ÂNE DES PYRÉNÉES

• ***Race reconnue en 1997***
Elle comporte deux types d'ânes :
- le **Gascon** transportait sur son bât

tout le nécessaire aux montagnards ;
- le **Catalan** servait plus à la production mulassière.

• ***Taille***
- le **Gascon** à une conformation trapue ; taille : 1,20 à 1,35 m,
- le **Catalan** à une conformation enlevée, anguleuse ou osseuse ; taille : au-delà de 1,35 m jusqu'à 1,60 m pour le mâle et la femelle.

• ***Couleur de la robe***
Pour les deux : brun foncé, bai foncé, noir.

L'ÂNE DU COTENTIN

• ***Race reconnue en 1997***
Cet âne était utilisé dans les petites exploitations agricoles vouées à la production laitière.
Il transportait sur un bât régional les bidons de lait du pré à la ferme. Il était aussi attelé pour les petits travaux agricoles.

• ***Taille à 4 ans***
- pour le mâle : 1,20 à 1,35 m,
- pour la femelle : 1,15 à 1,30 m.

• ***Couleur de la robe***
Gris cendré, gris bleuté, gris tourterelle avec la croix de Saint André, zébrures ou pas sur les membres.

L'ÂNE NORMAND

• ***Race reconnue en 1997***
Âne de corpulence moyenne, il était surtout utilisé par les femmes pour aller chercher le lait, se rendre au marché, porter le linge au lavoir. Il avait sa place pour les travaux de maraîchage et dans les fêtes de villages.

• ***Taille à 4 ans***
- pour mâles et femelles : 1,10 à 1,25 m.

• ***Couleur de la robe***
Elle est obligatoirement bai ou bai brun, avec ou sans zébrures sur les membres. Robes grises non admises.

La foire aux ânes de Lignières dans le Berry (18)
est un lieu privilégié pour acheter un âne.
Des éleveurs de la France entière viennent y présenter leurs produits.

CHOISIR ET ACHETER SON ÂNE

OÙ LE TROUVER

En fin d'ouvrage, vous trouverez des adresses d'associations aptes à vous conseiller sur les endroits et les personnes pouvant vous aider à trouver l'âne de votre choix.
Adressez-vous également aux marchands de bestiaux et de chevaux, notamment sur les foires, ou consulter les petites annonces des revues équestres ou agricoles, et celles de la presse régionale à la rubrique « animaux ».
Quelle que soit la provenance de votre âne, et surtout si vous projetez de le joindre à d'autres équidés, prévoyez une période d'isolement de huit jours au minimum.
Vous éviterez les risques de contamination (il peut être porteur de maladies contagieuses).

QUEL ÂNE CHOISIR

L'espérance de vie d'un âne est très longue ; il ne s'agit donc pas de vous tromper lors de l'achat de celui qui sera votre compagnon pendant une quarantaine d'années !
Dans ce chapitre, vous trouverez des conseils sur les principaux critères devant guider votre choix.
Mais le critère déterminant reste toujours le coup de cœur qui vous fera craquer à la vue de votre futur compagnon !

UN ÂNE DE QUEL ÂGE

L'âne bénéficie d'une longévité exceptionnelle, supérieure à celle du cheval.
Avec une espérance de vie moyenne de 35 ans, il n'est pas rare qu'un âne atteigne 45 ans, voire plus. L'âne le plus âgé fut signalé dans le *Daily News* de janvier 1854 : il avait 70 ans ! Plus près de nous, dans l'Oise, *Cadichon* porte allégrement son demi-siècle d'existence !
Estimer l'âge d'un âne est très difficile, voire impossible pour un amateur. La seule solution consiste alors à faire confiance au vendeur.

ACHETER UN ÂNE JEUNE

Si vous n'êtes pas connaisseur, n'achetez pas un âne trop jeune sans avoir vu ses parents. Ne le séparez

Premier contact avec l'humain.

pas de sa mère avant la fin du sevrage : six mois au minimum. L'ânon ne peut être utilisé pour travailler d'une manière soutenue avant l'âge de deux ans et demi à trois ans. L'ânon ne peut être confié à un jeune enfant car ses réactions sont imprévisibles. Sachez que le petit mâle est plus joueur que la femelle.

ACHETER UN ÂNE ADULTE

Si vous ne connaissez pas encore bien les ânes, c'est la solution la plus prudente, à condition que l'âne ait été dressé correctement. Quelques jours lui suffiront pour s'adapter à son nouveau propriétaire.

Adulte, vous le voyez tel qu'il est : pas de surprise de taille ou de défauts physiques ou encore de caractère. Il termine sa croissance vers cinq ans. Jusqu'à vingt ou vingt-cinq ans, vous pouvez l'utiliser sans problème. Notez que les ânesses peuvent mettre bas jusqu'à vingt ans, voire plus, mais après 15 ans, ce n'est pas sans risque.

LES PROBLÈMES DE L'ÂNE ÂGÉ

Vous pouvez entretenir un âne, même âgé de plus de vingt ans, comme un animal de compagnie, si vous n'exigez pas de lui un travail soutenu. S'il est en bonne santé, vous pouvez le promener à la longe, le bâter légèrement, le faire monter par de jeunes enfants et l'atteler à une charrette légère.

Plus tard, il risque de souffrir de rhumatismes s'il séjourne dans des terrains humides. Le vétérinaire peut le soulager avec des anti-inflammatoires.

Proposez-lui de la nourriture tendre si les dents ne sont pas en bon état et demandez l'intervention d'un dentiste équin.

Un âne âgé déçoit rarement, même s'il requiert plus de soins qu'un

Voici Amélie, une femelle de 8 ans de race Ane de Provence, présentée à la foire aux ânes de Lignières.

sujet en pleine maturité. De plus, il vous aidera à faire l'éducation d'un âne plus jeune.

UN ÂNE DE QUEL SEXE

Chaque sexe présente des avantages mais aussi des inconvénients qui vous sont présentés dans ce chapitre.

L'ÂNESSE

Elle est calme et douce, ce qui représente un avantage.
Autre avantage, il vous sera possible de lui faire produire un ânon, ce qui est une expérience formidable mais requiert de bonnes connaissances.
Le caractère de l'ânesse peut se modifier pendant les chaleurs. Elle peut être moins apte au travail pendant ces périodes et brait souvent pour appeler le mâle, ce qui peut poser des problèmes de voisinage.

LE MÂLE ENTIER

C'est le plus affectueux et le plus démonstratif. Sa sexualité peut être canalisée par un travail régulier et surtout par l'absence de tentations dans son entourage. Est qualifié d'étalon, le mâle entier qui effectue des saillies en vue de la reproduction. L'âne étalon est généralement plus chaud qu'un cheval entier. Il sera très difficile à maîtriser en présence de femelles, surtout pendant leur période de chaleurs.

L'ÂNE HONGRE

Le hongre est un mâle qui a été castré. Il est peu sensible à l'attrait des femelles, même en chaleur. Il peut arriver qu'un âne hongre saillisse une ânesse, mais sans la féconder puisqu'il est stérile. Le hongre est idéal comme compagnon de loisirs. Après castration, l'âne peut être mis sans risque de bagarre avec d'autres ânes, poneys ou chevaux, quel que soit leur sexe.

QUELLE TAILLE CHOISIR

À cinq ans, l'âne a atteint sa taille définitive. Une taille qui varie de 0,65 m pour les petites races à plus de 1,50 m pour les grandes, comme par exemple, l'âne du Poitou. Comme pour les chevaux, la taille de l'âne se mesure au garrot qui est assez difficile à localiser car il est peu saillant. Il correspond à peu près au départ de la bande cruciale.

Notez que la taille des équidés est prise au garrot, car sa hauteur par rapport au sol est stable, même lorsqu'il bouge son encolure. À l'achat, il faut prendre en considération sa future taille d'adulte en observant ses parents. Il est encore difficile aujourd'hui de trouver du matériel adapté à un âne de moins de un mètre au garrot. Par contre, un grand âne sera fatigant à bâter. S'il s'agit de votre premier âne, optez pour une taille « passe-partout » : 1,10 à 1,20 m.

Les premiers mois, l'ânesse protègera son petit de tout intrus.

QUELQUES CONSEILS D'ACHAT

Si vous achetez votre premier âne, faites-vous accompagner par une personne compétente pour vous aider à juger l'animal.

Une visite vétérinaire vous mettra à l'abri de toute surprise quant à la santé, ses éventuelles tares et son âge.

Si l'âne que l'on vous présente est prétendu dressé, à l'attelage par exemple, demandez une démonstration et essayez-le vous-même.

Si vous achetez un âne par l'intermédiaire d'un marchand de chevaux, demandez le droit de l'échanger s'il ne vous convient pas.

Si vous le choisissez au sein d'un troupeau ou sur une foire, photographiez-le pour détenir une preuve que c'est bien celui-là qui vous sera livré.

Méfiez-vous du vendeur qui affirme qu'un âne se nourrit de rien et qu'il n'est jamais malade : c'est faux. Des sabots que l'on a laissé pousser exagérément et qui se sont déformés nécessitent plus d'une année pour retrouver leur état normal. C'est un point à vérifier pour s'assurer que l'âne n'a pas été délaissé.

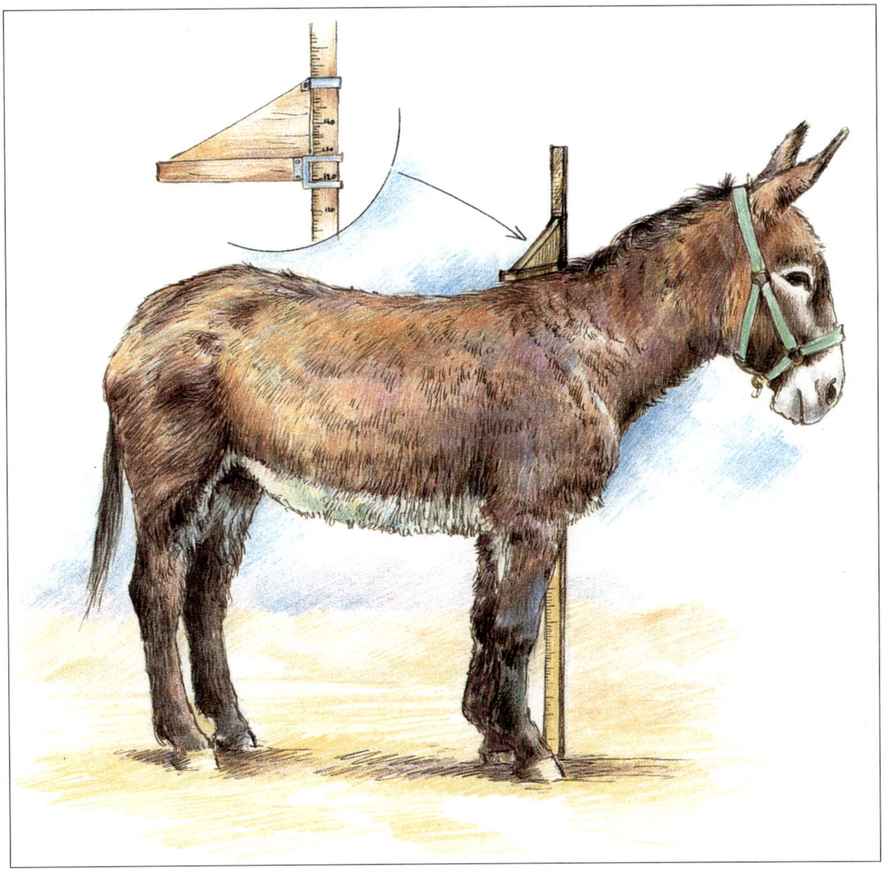

Le bon endroit pour mesurer la taille d'un âne au garrot.

ÉLEVAGE ET REPRODUCTION

En élevage, il faut choisir de bons reproducteurs pour espérer obtenir des produits de qualité. Le jeune ressemble généralement à ses parents, mais hérite également des générations antérieures. De bonnes origines sont donc indispensables pour les reproducteurs. Il faut éviter la consanguinité qui provoque des avortements ou des défauts visibles à la naissance, comme la mâchoire très avancée qui l'empêche de téter. On dit dans ce cas que l'âne est bégü.

PROBLÈMES LIÉS À L'ÉTALON

L'âne entier (non castré) est généralement plus chaud que le cheval et peut devenir dangereux à proximité d'une ânesse en chaleur. En matière d'élevage, une femelle ne suffit pas à un âne, car vous arriverez difficilement à les séparer. Dans ce cas l'étalon ne cesse de braire d'une façon très sonore. Il est prêt à traverser des clôtures pour rejoindre l'ânesse. De plus, elle aura un petit chaque année et le mâle entier finira par saillir sa propre descendance. Il est bon de posséder un mâle entier pour trois femelles et de disposer d'installations permettant de les séparer. Notez que chez les ânes, la castration peut se faire à tout âge.

LES CHALEURS DE L'ÂNESSE

Les chaleurs correspondent aux périodes où l'ânesse est fécondable. Elles apparaissent tous les mois et durent de 5 à 10 jours. Très marquées de mars à octobre, elles sont moins visibles en hiver mais l'étalon sait les déceler sans se tromper. Les ânesses trop grasses n'ont parfois plus de chaleurs. Il faut éviter de faire saillir l'ânesse avant qu'elle ait trois ans. On détecte les chaleurs de l'ânesse d'après des attitudes caractéristiques : elle fait la grimace, claque les mâchoires en couchant les oreilles, écarte ses membres postérieurs, sa vulve est dilatée, elle urine souvent et brait plus qu'à l'accoutumée. C'est surtout l'attrait qu'elle provoque chez le mâle entier qui vous renseignera.

LA SAILLIE

Pour éviter que l'ânesse blesse le mâle pendant la saillie, il est préférable de la déferrer des postérieurs. Dans la saillie en liberté, le couple est libéré dans un espace clos sans recoin ni obstacle dangereux. On leur laisse un licol par pré-

Voici un joli ânon âgé de quelques semaines. Il ne va pas quitter sa mère jusqu'au sevrage, vers l'âge de 6 mois.

caution. À la vue de l'ânesse, le mâle brait d'une manière très caractéristique, la flaire longuement, lui mord l'encolure avant de la saillir. Elle acceptera ces manifestations uniquement durant ses chaleurs. Pour assurer la fécondation, il est préférable de les laisser en présence quelques jours, de façon à ce qu'elle soit saillie plusieurs fois. Autre méthode : la monte en main. L'ânesse est attachée ou maintenue. Le mâle entreprenant est bridé et tenu en main pour le présenter à l'ânesse. Une personne expérimentée est nécessaire et cette méthode, même si elle est moins naturelle que la précédente, évite de nombreux accidents.

LA GESTATION

La durée de gestation est très variable d'une ânesse à l'autre et peut varier de 11 mois et demi à 13 mois. La moyenne est de 360 à 380 jours. Pendant la gestation, n'augmentez pas excessivement les rations, mais assurez-vous que la nourriture soit bien équilibrée en vitamines. L'ânesse peut travailler modérément jusqu'au septième mois de sa grossesse. Laissez-la au repos le dernier mois, ce qui n'exclue pas les petites sorties. Dans les derniers temps de la gestation, éloignez l'étalon qui peut blesser le nouveau-né. Mettez l'ânesse dans un terrain relativement plat et loin d'un cours d'eau où l'ânon risquerait de se noyer. Dans l'écurie, vous pouvez laisser une faible lumière, ce qui permet de surveiller la mise-bas.

LA MISE-BAS

Soixante-douze à quarante-huit heures avant la naissance, les trayons se gonflent. La plupart des naissances ont lieu la nuit. Lorsque tout

Une attitude d'identification sexuelle.

Les chaleurs très marquées ne passeront pas inaperçues chez l'étalon.

L'instinct maternel de l'ânesse est très développé.

se passe bien, l'ânesse reste debout jusqu'à ce que la poche des eaux, expulsée par les membres antérieurs apparaisse. Ensuite, l'ânesse se couche pour aider l'ânon à sortir. La mise-bas est relativement rapide : environ un quart d'heure.

Dès que l'ânon est né, la mère le lèche vigoureusement. Soyez prudent en l'approchant, car elle peut se montrer agressive par instinct de protection pour son petit. Ne coupez pas le cordon, il se rompra tout seul.

La délivrance a lieu dans les deux heures suivantes. Elle correspond à l'expulsion naturelle du placenta sur lequel il ne faut surtout pas tirer. 20 minutes à une heure après, l'ânon se lève maladroitement et cherche à téter sa mère.

Le premier lait qu'il tête est très important : c'est l'indispensable colostrum contenant tous les anticorps qui permettront à son organisme de se défendre.

La seule intervention consiste à désinfecter son nombril avec de la teinture d'iode.

Veillez à garder l'écurie très propre et sans courant d'air et à surveiller que l'ânon tête correctement.

En pâture, l'ânon se muscle harmonieusement et s'habitue à tout ce qui l'entoure ; sous la surveillance de sa mère. Plusieurs ânesses suitées peuvent occuper la même pâture.

BIEN LOGER SON ÂNE

L'âne est un animal frileux, contrairement au cheval ou au poney. C'est une caractéristique dont il faut tenir compte. Si vous habitez une région à climat continental, prévoyez une écurie confortable pour l'hiver. Même en été, un abri de pâture est nécessaire.

RÉGLEMENTATION SUR LA CONSTRUCTION

Avant de construire, renseignez-vous à la mairie de votre commune. Pour un simple abri, les tolérances sont relativement larges, mais toute construction « en dur » (construction maçonnée) est soumise à l'obtention du permis de construire. Pour connaître les éventuelles servitudes limitant le droit de construire, consultez le plan d'occupation des sols de votre commune (POS). Que vous construisiez un simple abri ou un box en dur, vérifiez les limites de votre propriété pour éviter d'empiéter chez votre voisin. Pour connaître vos droits dans un lotissement, consultez le cahier des charges. La Direction départementale de l'équipement (DDE) vous indiquera les règles à respecter pour la construction. Tous les conseils de fabrication figurent dans l'ouvrage *Réaliser son écurie* chez le même éditeur.

L'ABRI DE PÂTURE

• Description sommaire

Dans son abri, l'âne se protège de la pluie qu'il redoute, du soleil et surtout des insectes qui le harcèlent pendant la saison chaude. Une construction simple réalisée avec des planches de récupération recouvertes de tôles, est suffisante. Consultez les croquis qui vous indiquent les cotes fonctionnelles. Le sol en terre battue de l'abri doit être sec. Dirigez les tôles vers l'arrière, car l'âne craint l'eau et ne traversera pas un rideau de pluie si la toiture est dépourvue de gouttière.

L'ÉCURIE

En l'hiver l'âne doit obligatoirement être protégé dans un box confortable mais aéré. L'idéal est de construire le box « en dur », avec des parpaings montés sur un sol bétonné. Une construction en bois doit être isolée.

Un abri en toute saison.

Alors que chaque cheval a généralement son propre box, il est préférable de mettre plusieurs ânes dans un même box, car ils ne supportent pas la solitude.

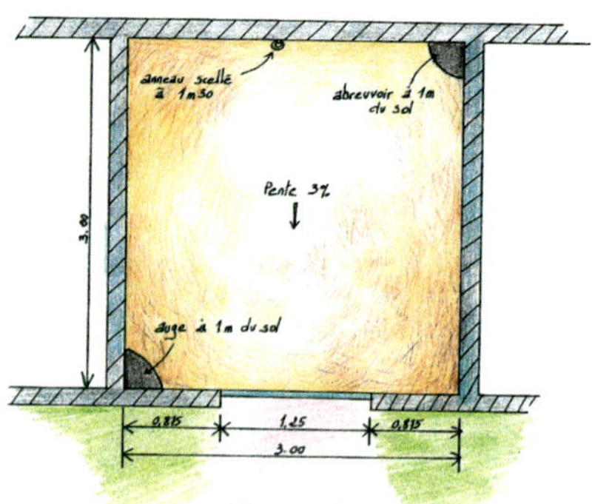

Vue en plan

Vue de face

Les dimensions pour bien construire une écurie.

Consultez les croquis. Si cela est possible, prévoyez à côté du box, une petite sellerie et un local bien fermé où vous rangerez la nourriture.

QUELQUES DIMENSIONS A RESPECTER

• ***La dimension du box***
Un box de 3 x 3 m (9 m^2) convient à deux ânes ou un âne accompagné d'une chèvre ou d'un mouton. Comptez une superficie de 12 m pour une stabulation de trois ânes et 16 m s'il y en a quatre. Assurez-vous qu'ils s'entendent bien avant de les mettre dans un box collectif.

• ***La hauteur du box***
Contrairement au cheval, l'âne ne se cabre pas, le plafond est donc moins haut que dans le box du cheval. Cependant, il est nécessaire de prévoir une hauteur de 2,70 m pour conserver une certaine réserve d'air.

• ***Les portes***
La largeur de la porte doit pouvoir laisser passer de front un âne accompagné d'une personne mais aussi la brouette à fumier qui est très large lorsqu'elle est pleine ! Comptez 1 m à 1,2 m (*hauteur :* 1,8 à 2 m au total, *hauteur du battant inférieur :* 0,9 à 1 m.

EMPLACEMENT ET ORIENTATION

Avant tout, le sol de l'abri ou de l'écurie doit être sec. Évitez la proximité des mares, lieu privilégié de rassemblement des moustiques. Sous un grand arbre, votre construction sera protégée du soleil. Pensez également à l'accès, qui doit rester praticable toute l'année. Orientez l'ouverture le plus possible vers l'Est pour profiter des premiers rayons de soleil. L'ouverture ne doit jamais être orientée vers les vents dominants. Faites en sorte que l'ouverture soit visible de la route, afin de pouvoir surveiller vos ânes.

QUELQUES AMÉNAGEMENTS PRATIQUES

Sachant que l'âne grignote tout ce qui se trouve à sa portée, disposez les

Un âne peut ouvrir toutes les portes.

prises d'électricité à 1,80 m de hauteur. Pour une bonne évacuation de l'urine et des eaux de lavage, prévoyez un sol bétonné avec une pente de 2 cm par mètre.

L'âne se montre particulièrement habile pour ouvrir, avec sa bouche, le verrou du box. Montez sur la porte un verrou de sécurité qui vous évitera d'aller chercher votre compagnon dans le potager du voisin !

Les ânes ne sont attachés que très rarement, mais prévoyez tout de même des anneaux d'attache disposés à une hauteur de 1,20 m. Si l'anneau est trop bas, l'âne peut se prendre les pieds dans la longe d'attache.

• *Mangeoire et râtelier*

Dans son port normal, l'encolure de l'âne est souvent horizontale. Il se fatigue donc moins avec une mangeoire basse. Il a tendance à gâcher son foin en le tirant à terre pour trier ses herbes préférées. Une mangeoire à fond large évite les pertes. Les longueurs de l'auge et du râtelier dépendent du nombre d'ânes.

Il est préférable de prévoir une hauteur de 0,50 à 0,60 m pour le râtelier et une largeur de 0,30 à 0,60 m pour la mangeoire. L'auge et l'abreuvoir doivent être solidement fixés ou attachés pour que l'âne ne les tire pas avec ses dents ou avec ses antérieurs. Le commerce propose des écuries en kit à monter soi-même.

Tous les détails de construction figurent dans l'ouvrage *Réaliser son écurie*.

• *Encore un détail*

Imitez les Anglais et peignez les 3/4 de la hauteur du mur en bleu. Cette couleur éloigne les insectes.

• *Autre solution*

Laissez quelques toiles d'araignées en place à la belle saison. C'est un excellent attrape-mouches qui retiendra également les hirondelles. Ânes et oiseaux cohabitent fort bien !

Contrairement au cheval qui utilise peu son abri de pâture, l'âne s'y réfugie aux premières gouttes de pluie. Un abri confortable lui est donc indispensable.

La bonne pâture

Une pâture ou une simple aire de détente est indispensable à la liberté de votre âne. Même pendant les saisons froides où l'herbe ne pousse plus, il pourra profiter des rayons de soleil de la mi-journée.

Quelle végétation dans la pâture

Ne recherchez pas une végétation riche, car l'âne est enclin aux problèmes d'obésité. Il se contente de friches et d'une végétation pauvre, ce qui ne veut pas dire inexistante. Une grande pâture pauvre est de loin préférable à une petite prairie entretenue et enrichie d'engrais. L'idéal est de le laisser herboriser en choisissant parmi les plantes sauvages, celles qui lui conviennent. Vous constaterez qu'il consomme les chardons.

Une pâture de quelle superficie

2 500 à 3 000 m² sont suffisants pendant la belle saison pour assurer

En pâture, l'âne broute entre 12 et 16 heures en une journée, de jour comme de nuit.

L'âne est un fin gourmet et aime « herboriser » en choisissant les espèces végétales qui lui conviennent le mieux.

le bonheur d'un âne. En hiver il faut prévoir un complément de nourriture.

QUELLES CLÔTURES CHOISIR ?

• ***Les fils de clôtures***
Protégé par une peau épaisse l'âne n'hésite pas à s'appuyer contre des clôtures en fils barbelés, pour glaner quelques brins d'herbe de l'autre côté. N'hésitez pas à barrer efficacement tous les endroits attrayants comme les vergers ou les potagers. Les croquis indiquent les dimensions des clôtures destinées aux ânes.

• ***Clôtures électriques***
L'âne les respecte à condition de prévoir deux rangs de ruban électrique et de ne jamais interrompre le courant.

• ***Des barrières anti-fuites***
L'âne est beaucoup plus habile que le cheval pour ouvrir les différents systèmes de fermeture des barrières.

Pour attacher son âne au piquet, des astuces simples pour éviter un accident.

Il faut donc prévoir des systèmes de sécurité avec clapets difficiles à ouvrir et des fermetures inaccessibles. Référez-vous aux croquis.

• ***Le pâturage au piquet***

Ce mode de pâturage ne peut être utilisé qu'avec des ânes calmes et adultes et seulement durant quelques heures du jour. L'âne se roule souvent dans sa pâture, une astuce consiste à faire passer la chaîne d'attache dans un tuyau d'arrosage pour éviter la prise de longe.

Quelques aménagements

L'âne craint la pluie et le vent. Il saura s'abriter derrière un bosquet ou un haie coupe-vent, et séjourner dans l'abri les jours de pluie alors que les chevaux et les poneys restent dehors dans ces conditions. Ce même bosquet le protégera des excès de soleil. Évitez les pâtures humides, car les pieds des ânes en souffrent.

Le chemin d'accès doit rester praticable lorsque, à pied ou en voiture, vous rejoignez l'abri pour rendre visite à votre compagnon.

La pâture doit être équipée d'un point d'eau ou d'un abreuvoir. L'âne peut boire de 10 à 15 litres par jour, voire plus. La contenance de l'abreuvoir doit donc être importante pour éviter de devoir le remplir trop souvent (voir paragraphe « nourrir et abreuver »).

Prévoyez également un porte selles ou un porte harnais, qui seront bien utiles si vous le sellez directement dans sa pâture.

Conseils pratiques

Chevaux, poneys, vaches, chèvres et moutons s'entendent en général relativement bien. Il faudra cependant veiller à ce que l'âne ne consomme pas plus que sa ration en allant chiper celle des chevaux. Pour votre âne, la compagnie d'une chèvre est préférable à celle du mouton. La chèvre est en effet plus joueuse et sait mieux se défendre que le mouton. Il vous arrivera même de voir la chèvre grimper sur le dos de votre âne !

Si vous choisissez un âne pour tenir compagnie à un poney, sachez que ce dernier est beaucoup plus rustique que l'âne face au climat humide. Ils auront tendance à se suivre dehors par tous les temps, ce qui risque de poser des problèmes de santé à l'âne. Même avec une taille quatre fois plus petite que le cheval, l'âne est souvent dominant et en profitera pour voler la ration du cheval ; attention aux problèmes de suralimentation en ce cas !

Sachez également que l'âne mâle est particulièrement précoce. La pouliche à qui il tient compagnie en pâture peut se retrouver maman d'une mule, même si l'ânon n'avait que 12 mois lorsque vous les avez mis ensemble ! De nombreux chevaux et poneys sont surpris et ont peur en découvrant leur âne. Le braiment terrorise parfois le cheval qui finit cependant par s'y habituer. Ils deviennent ensuite inséparables ce qui pose parfois des problèmes pour les sorties individuelles.

L'âne est un animal facile à entretenir, ce qui n'exclue pas un certain nombre de soins.

ENTRETIENS RÉGULIERS

SOINS CORPORELS

SOINS RÉGULIERS

Dans les contacts avec votre âne, la brosse est votre meilleure alliée. Elle est utile pour le nettoyer, lui assurer un joli pelage, découvrir en le brossant d'éventuelles plaies mais aussi l'apprivoiser.
S'il est au repos, un brossage hebdomadaire est suffisant, mais en hiver, décrottez-le deux à trois fois par semaine. À chaque visite, essuyez-lui les yeux s'ils coulent.
Les soins des pieds sont étudiés plus loin.
Avant chaque sortie, brossez-le minutieusement avant de mettre en place la selle, le bât ou le harnais. Insistez particulièrement sur le passage de sangle, pour éviter les blessures dues à la présence de matières abrasives.

Pour une bonne présentation, couper la crinière à quelques centimètres et égaliser la pointe de la queue.

Même si l'âne n'est pas ferré, le maréchal ferrant doit régulièrement vérifier et tailler la corne des sabots.

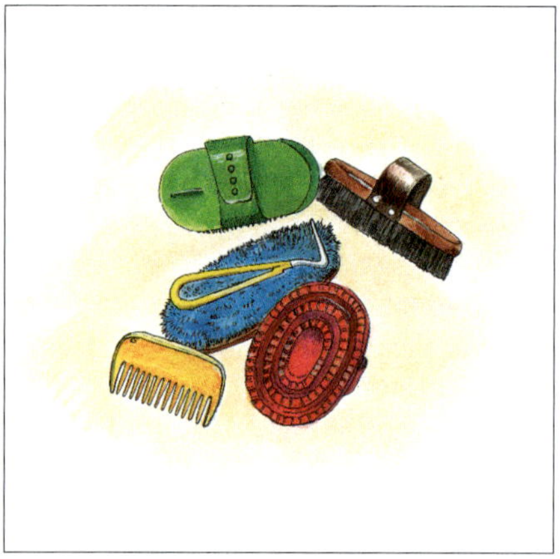

Brosses, étrille, cure-pied, un matériel indispensable pour le toilettage.

Curez les pieds au départ mais aussi au retour pour déceler une éventuelle blessure de la sole.

SOINS ANNUELS

Chaque printemps, coupez l'extrémité de la queue avec des ciseaux. Pour des raisons d'hygiène et pour favoriser la pousse des crins, coupez la crinière à un centimètre de sa base ; elle repoussera en meilleur état.
Contrairement aux chevaux, la tonte du corps reste exceptionnelle. Elle sert à mieux le soigner s'il a des poux, à terminer la mue d'un sujet à poils longs ou encore pour l'aider à s'acclimater si vous le déplacez d'une région froide vers une région chaude.
Le crottin de l'âne et du cheval renferment les microbes du tétanos qui sont également très dangereux pour l'homme. Une précaution élémentaire consiste à vous vacciner contre cette maladie, si vous vous trouvez en contact fréquent avec des équidés.

Un bon brossage hebdomadaire est nécessaire.

SOINS CORPORELS DE L'ÂNON

Dès la deuxième semaine, vous pouvez commencer à passer la brosse douce dans le sens des poils sur tout le corps de l'ânon. Tenez-le au licol, mais ne l'attachez pas car il peut paniquer et prendre l'habitude de « tirer au renard ».

AUTRES SOINS

LES VERMIFUGES

Deux fois par an, l'âne doit être vermifugé pour éliminer les parasites (gastrophiles et ascaris) qui infestent son organisme et nuisent à sa santé. Les poumons de l'âne sont particulièrement sensibles. Certains ascaris qui séjournent ordinairement dans les intestins peuvent remonter jusqu'aux poumons, provoquant toux et fièvre.

COMMENT ADMINISTRER LES VERMIFUGES

La façon la plus pratique est la seringue buccale contenant du produit en pâte.

La dose correspond à un équidé de 500 kg, ce qui suffit pour deux ou trois ânes.

- *L'Eqvalan® :* disposer une noisette de produit entre deux biscottes.
- *Le Telmin® :* après avoir réglé la bague de la seringue en fonction du poids approximatif de l'animal, injecter le produit en introduisant la seringue au niveau des barres (partie de la mâchoire dépourvue de dents). Tenir la bouche fermée et lever légèrement la tête, car l'âne rechigne à avaler un produit au goût inhabituel. Donnez-lui deux à trois morceaux de sucre pour aider le produit à « glisser » car certains sujets essaient à tout prix d'évacuer le produit en se frottant la bouche sur tout ce qu'ils trouvent.
- *Quelques précautions :* ne jamais donner le Telmin® + Trichlofon® à ânon ou une ânesse qui attend un petit. Il est en outre conseillé de changer périodiquement de vermifuge pour combattre l'accoutumance, par exemple :
- Eqvalan à l'automne,
- Telmin ou Telmin + au printemps.

SOINS AUX DENTS

Pour profiter pleinement de ses aliments, l'âne doit avoir une dentition en bon état, car en s'usant, le bord des molaires peut devenir tranchant et gêner la mastication.

Voici quelques signes attestant d'une mauvaise dentition : votre âne secoue sa tête en mangeant, la nourriture tombe de sa bouche, il éprouve des difficultés à mâcher, vous retrouvez des aliments non mastiqués dans son crottin ou des « bourres » dans sa mangeoire (boules d'herbe que l'animal cale le long de ses joues pour ne pas se blesser), il se défend contre le mors, il maigrit. Le vétérinaire ou le dentiste équin intervient en râpant les parties saillantes des dents, il nivelle également les tables dentaires et arrache les « dents de loup » qui sont l'équivalent de nos dents de sagesse.

Notez que la dentition des ânes est différente de celle des chevaux sur plusieurs points. L'âne est souvent légèrement bégü : maxillaire supérieur qui avance sur le maxillaire inférieur. Dans ce cas, la première molaire supérieure peut pincer le mors au niveau de la barre.

La plupart des ânesses ont des crochets, équivalents à nos canines. Elles n'en sont pas bréhaignes (stériles) pour autant comme il est usuel de le penser pour les juments.

LES VACCINS

Vaccinez chaque année votre âne pour le protéger :

- *de la rage* dans les régions à risques (est et nord de la France),
- *du tétanos* qui terrasse encore beaucoup d'équidés,
- *de la grippe* équine si vous fréquentez des expositions, des fêtes, des concours et des rassemblements de chevaux et d'ânes.

ENTRETIEN DU BOX

Si l'âne entre et sort à son gré, il suffit de curer le box une fois par semaine, voire moins. Le fumier n'en sera que meilleur pour votre potager ! Il faut cependant veiller à ce que le fumier reste sec en rajoutant de la paille fraîche chaque jour pour couvrir les excréments. Évitez cependant une épaisseur de fumier trop importante dans laquelle ses sabots finiront par pourrir.

ENTRETIEN DES SABOTS ET FERRURE

SOINS RÉGULIERS

Chaque semaine, curez ses sabots à fond et graissez-les dessus et dessous avec de l'onguent vitaminé à base de laurier.
Cette précaution est particulièrement utile hiver comme été si, par temps sec, la corne s'écaille.

À gauche, un pied déformé par le manque d'entretien. À droite, un pied correctement paré.

POUSSE ET USURE DE LA CORNE

Tout comme nos ongles, la corne des sabots pousse régulièrement pour compenser son usure naturelle. Il faudra donc tailler régulièrement la corne et rectifier les aplombs. Vous évitez ainsi que le sabot ne s'écaille et se retourne : on parle dans ce cas de pieds en babouche. Notez au passage que le paturon de l'âne est plus droit

Les pieds sont curés (nettoyés) régulièrement.

que celui du cheval. On dira qu'il est « droit jointé ».

Parer les pieds en rectifiant les aplombs naturels est du ressort du maréchal-ferrant. Il faut compter trois à quatre interventions de maréchalerie par an. Présentez également les ânons au maréchal-ferrant, car de mauvais aplombs déforment les membres.

En dehors de l'intervention de l'homme de l'art, vous pouvez arrondir les arêtes anguleuses de la corne avec une râpe. Vous évitez ainsi qu'elle ne se fende. De nombreux conseils figurent dans l'ouvrage *Maréchalerie Pratique* de cette même collection.

LA FERRURE

De nos jours, les ânes sont ferrés uniquement s'ils travaillent sur route ou sur des chemins caillouteux. Les fers limitent l'usure de la corne. Confiez cette opération délicate à un maréchal-ferrant professionnel. Une heure suffit pour ferrer les quatre pieds d'un âne docile et moins d'une demi-heure s'il pare uniquement ses sabots. On trouve actuellement des maréchaux-ferrants dans toutes les régions, se déplaçant à domicile avec leur outillage. En prenant rendez-vous, précisez qu'il s'agit d'un âne, car ses fers sont différents de celui du cheval.

Dès son plus jeune âge, habituez l'âne à se laisser mener au licol et à rester attaché pendant que vous le pansez ou que vous le soignez.

L'abreuvoir automatique permet de laisser de l'eau en permanence à la disposition de l'âne, sans qu'elle croupisse dans un seau. Il faut vérifier régulièrement le bon fonctionnement de l'abreuvoir.

L'ALIMENTATION DE L'ÂNE

En nourrissant votre âne, n'oubliez pas que son berceau d'origine est situé dans des pays chauds où la végétation est aride et rare. Il faut donc veiller à ce qu'il conserve les caractères de sa race dans des régions aux riches pâturages. Plus que le cheval, l'âne garde sa rusticité naturelle, néanmoins il bénéficie d'un odorat très développé, ce qui lui permet d'apprécier divers aliments.

LA RATION ALIMENTAIRE

Comme pour le cheval, les besoins alimentaires de l'âne dépendent de son poids mais aussi du travail qu'il fournit.
En été, l'herbe de sa pâture et l'eau à volonté lui suffisent.
En hiver, lorsque l'herbe ne pousse plus, il faut le nourrir avec du foin ou de la paille et de l'aliment concentré. Ajoutez quelques carottes rafraîchissantes et une pierre à sel placée à sa portée.
Ses besoins d'entretien sont de 1,5 à 2 kg de fourrage pour 100 kg de poids vif. Un âne d'une taille moyenne de 1,10 m pèse autour de 200 kg. À partir de ce repère, vous pouvez estimer le poids de votre âne en sachant qu'une variation de 10 cm dans la taille correspond à environ 8 kg.

RATION JOURNALIÈRE D'ENTRETIEN

Comptez pour un âne moyen de 170 kg (environ 1,10 m au garrot) en plus de la paille :
- 2 kg à 3 kg de foin par jour, ou,
- 2 à 3 litres d'aliment complet par jour.

Vous prenez moins de risque en augmentant la ration de paille et de foin

Attention au dosage des granulés concentrés.

qu'en distribuant un excès de céréales ou d'aliment industriel.
Attention, en ce qui concerne les aliments, ne confondez pas litre et kilogramme. Il faut un peu moins de deux litres d'aliment pour obtenir un kilogramme (densité moyenne 0,5 à 0,6).

AUGMENTATION DES RATIONS

Pour une ânesse gestante (qui attend un petit), augmentez la ration d'environ 20 %. La ration de l'ânesse suitée (qui allaite son petit) doit être augmentée de 30 à 40 % pour compenser la production de lait.
À moins de trois ans, l'âne en pleine croissance a des besoins alimentaires accrus d'environ 20 %.
Lorsque l'âne effectue des saillies régulières, il faut compléter sa ration avec de l'avoine ou de l'aliment énergétique.

LES DIFFÉRENTS ALIMENTS

LES FOURRAGES

Ils constituent la base de l'alimentation et assurent le lest indispensable pour un bon transit intestinal.Comme pour tous les équidés, le temps que l'âne accorde aux repas sert à réguler son équilibre psychologique.

• ***Le foin de pré***
Une qualité moyenne est suffisante, mais le foin ne doit jamais être ni poussiéreux, ni moisi. Une odeur agréable et une belle couleur verte indiquent sa valeur en carotène (vitamine A). Il ne doit en aucun cas contenir de plantes toxiques qui, séchées, pourraient être consommées. Les plus redoutables sont : l'if, la colchique, la mercuriale, la cigüe aquatique (consulter l'ouvrage : *Le Cheval*

Une écurie simple mais fonctionnelle.

en pâture dans cette même collection). Attendez trois mois après la récolte avant de distribuer le foin, pour éviter qu'il fermente.
Attention à l'excès de luzerne : pas plus de deux à trois fois par semaine, et pas toute l'année, car elle est trop riche en protéines.

• ***Les différentes pailles***
Le dicton « une bonne paille est préférable à un mauvais foin » reste valable pour l'âne. La paille de blé est la plus courante, mais la paille d'avoine est la plus nutritive. La paille d'orge (escourgeon) présente des aspérités qui peuvent irriter sa bouche et son appareil digestif. Elle peut même le faire tousser.

LES ALIMENTS CONCENTRÉS POUR CHEVAUX

Ils sont vendus en sacs de 25, 40 ou 50 kg. Chaque fabricant propose plusieurs variétés de qualités énergétiques différentes. Pour l'âne, il est préférable de choisir la moins énergétique. Les aliments industriels sont distribués en complément de la paille, à l'exclusion de tous les autres grains qui détruiraient l'équilibre de cette ration À titre de comparaison, et à poids égal, l'âne se contente de 75 % des doses préconisées pour le cheval ou le poney.

LE BLOC DE SEL VITAMINÉ

Mis en permanence à la portée de l'âne qui le lèche, le sel assure l'équilibre minéral et vitaminé. Choisissez une pierre dite « vitaminée » qui contient des oligo-éléments.

RACINES ET TUBERCULES

Carottes, betteraves, fourragères, topinambours, salsifis et pommes de terre sont riches en sucre et en eau. Lavez-les pour éliminer la terre qui les souille. La betterave est laxative. N'en donnez qu'une ou deux à la fois, suivant la grosseur. Il faut la décolleter car les engrais, comme le redoutable nitrate, sont concentrés dans le collet. Les carottes et le pain sec sont très appréciés. Ne donner du pain qu'en petite quantité, car tout excès est à l'origine de problèmes de peau assimilés à l'eczéma.

AUTRES ALIMENTS

Vous pouvez encore donner à votre âne des branches feuillues de noisetier, mais pas de chêne dont le tanin gène la digestion. Framboisier, groseillier et autres arbres fruitiers sont également appréciés.

ALIMENTS PROSCRITS

En dehors des plantes toxiques citées plus haut, ne donnez jamais à votre âne des feuilles de rhubarbe qui peuvent être mortelles. Évitez également les feuilles de choux aux ânesses allaitantes qui risquent de modifier le goût du lait et l'ânon peut alors refuser de téter.

ATTENTION À LA SURALIMENTATION

L'âne conserve une telle réputation de mal aimé, « se nourrissant de rien », que ses nouveaux propriétaires compensent souvent ces manques par des excès. Il convient de trouver un juste équilibre, car l'excès d'alimentation est plus néfaste qu'une légère sous-alimentation.

SIGNES APPARENTS DE SURALIMENTATION

L'âne obèse est tout en rondeur, avec des bourrelets sur le corps et les fesses. Son encolure s'épaissit progressivement et le bourrelet de graisse tombe sur un côté. Il se peut même que son caractère s'en trouve parfois modifié. Il devient irritable, se fatigue et s'essouffle rapidement.

LES RISQUES LIÉS À LA SURALIMENTATION

L'excès de protéines d'une alimentation trop riche et trop importante peut provoquer des troubles graves. À savoir :

– de la fourbure au niveau de ses pieds,
– un déséquilibre hormonal et une baisse, voire une interruption de la fécondité chez l'ânesse,
– des problèmes de peau,
– des « coup de sang »,
– des coliques ou des diarrhées.

N'hésitez pas à consulter le chapitre sur les soins.

LA CURE AMAIGRISSANTE

Les Anglais, grands connaisseurs en ânes, disent que le sujet obèse se fragilise et peut même succomber lors d'une situation stressante comme la douleur, le transport, le sevrage ou la restriction brutale de nourriture. Tout régime amaigrissant doit donc être très progressif.
L'animal ne doit pas perdre plus de 2 kg par mois. Évitez toutes les situations stressantes. Bien des risques peuvent être parés par un régime uniquement à base de fourrage l'hiver et des pâtures maigres ou composées de friches en été.
Il faut surtout se méfier de la première herbe de printemps, particulièrement riche.

CONSEILS PRATIQUES

Voici quelques solutions pour combattre la suralimentation :

- limitez les zones de pâturage en fractionnant les pâtures avec une clôture électrique que l'on déplace progressivement ;
- limitez le temps journalier de pâturage ;
- donnez de la paille avant la mise en pâture (l'estomac rempli, l'âne consommera moins d'herbe) ;

Les carottes et les pommes calmeront la faim d'un âne trop gras.

- évitez de le laisser pâturer la jeune herbe ;
- soumettez-le à un exercice régulier.

NOURRIR ET ABREUVER : CONSEILS PRATIQUES

QUAND DONNER L'EAU ?

L'idéal est de laisser constamment de l'eau claire et sans odeur à la portée de l'âne, car il boit lorsqu'il en éprouve le besoin. En hiver, lorsque le temps est froid et sec, il consomme presque autant d'eau qu'en été. Évitez de lui donner trop d'eau à la fois. L'eau glacée est à proscrire. Il faut aussi savoir que l'âne n'aime pas s'abreuver à un cours d'eau et peut même refuser l'eau en mouvement.
Litres et kilogrammes : ne pas confondre. Les rations, comme la contenance des sacs d'aliments, sont exprimés en kilogrammes. Mais lors de la distribution, le litre sert d'unité.

Pour occuper votre âne pendant qu'il est à l'attache, donnez-lui une brassée de foin directement posée à terre. Un inconvénient cependant, il en gâche une partie en marchant dessus.

Sachez que l'aliment a une densité moyenne de 0,5 à 0,6. Il faut donc environ 2 litres d'aliment pour obtenir un kilogramme.

REPAS ET ORDRE DE DISTRIBUTION

Deux repas sont suffisants par jour pour un âne. Donnez toujours le foin ou la paille avant l'aliment riche. Dans le cas contraire, le foin pousse l'aliment hors de l'estomac, le privant de la prédigestion stomacale.

EST-IL REPU ?

Si votre âne brait après avoir consommé sa ration, c'est pour vous indiquer qu'elle n'a pas été suffisante. À moins qu'il n'ait plus d'eau dans son seau !
S'il mange sa litière ou maigrit sans raison, augmentez les rations, sans cependant tomber dans l'excès inverse.
Par contre, s'il gâche le foin, vérifiez la cause : qu'il ne soit pas moisi et réduisez-en la quantité.
Enfin, s'il brait constamment, cherchez la raison autre part que dans la nourriture. Il s'ennuie certainement. Offrez-lui une compagnie : un autre âne ou une chèvre !

NE LE RENDEZ PAS DIFFICILE

L'âne doit rester un animal rustique. Ami des enfants qui ne cessent de lui offrir des friandises, il peut devenir difficile et capricieux. À exclure de son alimentation : sucre, pain en grande quantité, gâteaux. Remplacez-les par des carottes !

LES PROBLÈMES DE SANTÉ

Le poil de l'âne est tellement épais que des parasites peuvent s'y loger. Il est cependant normal que l'âne se gratte ou invite son copain de pâture à mordiller les parties de son corps qu'il ne peut gratter lui-même.

PROBLÈMES DE PIED

À l'intérieur du pied se trouvent différents tissus, de petits os, des tendons et des cartilages.
L'ensemble constitue une mécanique qui peut s'user prématurément si le pied n'est pas d'aplomb ou si les efforts sont trop importants. L'âne peut en effet se tordre les pieds à chaque pas, si la corne a poussé irrégulièrement.
L'expression « pas de pied, pas de cheval » convient également à l'âne. Notez qu'au repos, l'âne repose tour à tour un membre postérieur en laissant uniquement la pointe de son sabot reposer sur le sol. Il ne prend alors appui que sur trois pieds. Ne vous inquiétez pas, c'est une attitude normale.

LES BOÎTERIES

Si votre âne boîte, assurez-vous qu'un caillou ne soit pas coincé dans les lacunes de la sole. Vérifiez ensuite si cette partie n'est pas blessée. La gravité de la blessure dépend de sa profondeur mais également de sa situation.
Nettoyez soigneusement la sole et versez un antiseptique dans l'orifice. Coincez-y ensuite un morceau de coton, et administrez un sérum antitétanique à votre âne.
En cas de blessure importante, et si l'âne est ferré, il faut protéger la sole avec une plaque. Une infection est à craindre si le pied est chaud dans les jours qui suivent l'incident. Elle peut être aggravée par un abcès. Consultez le vétérinaire ou le maréchal-ferrant, car les infections du pied sont toujours graves.
L'homme de l'art dégagera certainement l'abcès avec une rainette et désinfectera la plaie en la protégeant avec une plaque. Prenez l'habitude d'observer l'âne marcher. La plupart du temps, un âne qui souffre des pieds a du mal à se déplacer et marche irrégulièrement.

LES FOURMILIÈRES

C'est une affection fréquente du sabot de l'âne. En cas de choc contre la paroi ou la sole, une poche de pus ou de sang peut se former sous la corne. Le maréchal-ferrant dégage la fourmilière et bourre l'orifice avec du goudron de Norvège.

POURRISSEMENT OU ÉCHAUFFEMENT DE LA FOURCHETTE

Cette affection correspond à un manque d'hygiène : fumier qui

pourrit dans les lacunes non curées et litières sales. Appliquer régulièrement avec un pinceau de la liqueur de villatte préparée et vendue en pharmacie. En voici la composition.
Faire dissoudre dans 400 gr de vinaigre 30 gr de sulfate de cuivre, 30 gr de sulfate de zinc, 60 gr d'extrait de saturne.

LA FOURBURE

Si l'âne se déplace mal, refuse de se lever, et repose son poids sur les talons de ses pieds antérieurs, une fourbure est à craindre. Dans ce cas, ses pieds sont chauds et sensibles lorsque vous tapotez le sabot avec le cure pieds.
La fourbure affecte principalement les membres antérieurs. Cette affection grave découle la plupart du temps d'un excès alimentaire ou d'une nourriture trop riche en protéines, comme la jeune herbe de printemps.
En cas de fourbure, appelez le vétérinaire rapidement et mettez l'animal à la diète en attendant son intervention.

LE CRAPAUD OU MAL D'ÂNE

Cette affection grave est rare de nos jours. Elle apparaît sur la fourchette et s'étend sur la sole et les talons. Elle peut décoller la corne. L'odeur infecte est caractéristique. Au cœur de la zone pourrie, se trouve une petite boule rouge nommée cerise : il faut l'extraire. Nettoyez régulièrement la plaie avec de la liqueur de villatte et appelez le vétérinaire si le mal persiste.

COMMENT FAVORISER LA POUSSE DE LA CORNE

Avec la brosse à dents, frottez régulièrement le bourrelet du sabot avec de l'huile de foie de morue, de l'huile de laurier ou encore de l'huile de cade en insistant sous les poils, au départ de la corne. Une cure de deux mois de « biotin » améliore la qualité de la corne.

LES MALADIES PARTICULIÈRES

La peau et les poumons de l'âne sont particulièrement sensibles.

LES PROBLÈMES PULMONAIRES

Ses poumons sont fragiles. Les symptômes d'affection sont : la fièvre (supérieure à 38°, une respiration anormale ou un jetage par le nez. Avertissez rapidement le vétérinaire.

LES PROBLÈMES DERMATOLOGIQUES

De tous temps, sa peau fut utilisée pour sa célèbre dureté : fabrication de tambours, de chaussures, de cribles. Elle n'en est pas moins sujette à de nombreuses affections qui se compliquent, car l'âne aime se gratter. Voici les principales affections de la peau :

• ***Les parasites***
Les parasites de la peau les plus fréquents sont les poux.
Même dans une écurie saine, il n'est pas rare de trouver au printemps des

lentes (œufs) de poux posées par paquets derrière les oreilles, sur les joues ou les flancs. L'âne se gratte alors sans cesse. Le premier signe est la dépilation. Pour déceler les lentes, il suffit d'inspecter la base de poils en les écartant car les lentes recherchent la chaleur. Le vétérinaire délivre une lotion antiparasitaire à diluer dans de l'eau tiède. Bien respecter le dosage. Faîtes pénétrer le produit sous le poil de tout le corps, à l'aide d'une brosse en vous protégeant les mains avec des gants. Une semaine plus tard, faites une nouvelle application pour détruire les œufs nouvellement éclos qui se dessèchent et jaunissent. Un mois plus tard, inspectez à nouveau les poils de l'âne et refaites une application de produit en présence de nouveaux œufs (blancs luisants). Il faut parfois plusieurs années pour se débarrasser de la souche. Traitez en même temps tous les animaux de l'écurie ainsi que le matériel de pansage. Notez que les poux des animaux ne se posent pas sur l'homme. Évitez d'utiliser de la poudre anti-poux car elle peut avoir des effets secondaires néfastes au niveau respiratoire.

• ***La teigne***

Elle est à nouveau très répandue. Consulter le vétérinaire.

• ***La dermite estivale***

C'est une allergie due aux piqûres d'insectes qui provoquent de violentes démangeaisons aggravées par le fait que l'âne se gratte à sang sur tout ce qui se trouve à sa portée. Il s'ensuit des dépilations spectaculaires au niveau de la partie dorsale de l'encolure, provoquant ulcérations et suppurations aggravées par le harcèlement des insectes. Un traitement à court terme peut être entrepris avec de la pommade antibiotique, de la cortisone et des antistaminiques, mais la dermite récidive généralement. Notez que des symptômes identiques à la dermite peuvent avoir une origine alimentaire : trop forte consommation de pain ou de protéines. Tout redevient normal après une mise au régime. Parfois, l'âne perd des poils à un endroit précis, faisant penser à une mycose due à un corps étranger qui peut pénétrer sous la peau lorsqu'il est longuement exposé à la pluie. Il suffit alors de le mettre à l'abri. Notez cependant que les problèmes dermatologiques sont plus graves lorsque l'animal vit constamment dans une écurie.

• ***Remèdes à la dermite***

Attacher des plaquettes insecticides pour bétail au licol, pour soustraire les ânes du harcèlement des mouches.

Abriter du soleil les sujets gravement atteints en les mettant dans un hangar. Bon nombre de propriétaires d'ânes laissent également en place les toiles d'araignées.

Les Anglais, grands éleveurs d'ânes, recouvrent les sujets atteints, oreilles et queue comprises, d'une pèlerine en canevas léger, qui interdit l'accès aux mouches. Certains éleveurs utilisent avec succès le traitement homéopathique « Histaminum 9 CH ». En vieillissant, la peau de l'âne se dessèche, ce qui augmente les démangeaisons.

Pour redonner de la souplesse à sa peau et régénérer ses cellules, il suffit de badigeonner les surfaces râpées avec de l'huile de foie de morue. Si le poil est terne, vous pouvez mélanger ce fortifiant dans la ration du soir (une à deux cuillers).

PROBLÈMES AUX OREILLES

Les longues oreilles de l'âne peuvent être affectées par la gale et des mycoses. Les soins sont du ressort du vétérinaire. Chez l'ânon, un excès de cérumen peut déborder du conduit et former une boule noire sans odeur mêlée de poils, à la base extérieure de l'oreille. Il faut couper la boule, éliminer le trop plein et nettoyer le bord du conduit. L'oreille est trop souvent pliée lors du passage de la bride ou martyrisée par des caresses brutales. Un âne qui a des oreilles tombantes est dit « mal coiffé ».

QUELQUES SOINS DE PEAU

Dans la première année, évitez de **brosser** les ânons à rebrousse-poil, car les poils sont collés par le suint, protection naturelle grasse, sécrétée par la peau. Il imperméabilise les poils et protège l'ânon de l'humidité qu'il craint particulièrement. Petites **plaies**. Couper les poils tout autour de la plaie superficielle, nettoyer au Mercryl® et recouvrir de « Stol 5 », produit en bombe désinfectant et cicatrisant. L'argile verte protège des moustiques et favorise la cicatrisation de la plaie. Le commerce propose de l'argile en tube prête à l'emploi. Lorsque la plaie nécessite un **pansement** intercalez du tulle gras entre la peau et le bandage pour éviter que la peau colle au bandage. Dès que la plaie bourgeonne, enlevez le tulle. Le Mytosil® convient à toutes les **brûlures** et blessures dues aux frottements de harnais.

Pour tout renseignement complémentaire consultez l'ouvrage *Guide du cavalier propriétaire,* chez le même éditeur, car les soins à donner aux ânes et aux chevaux sont sensiblement identiques.

Surveillez l'intérieur des oreilles de l'âne, elles peuvent s'infecter. En cas de problème, consultez le paragraphe : Problèmes liés aux oreilles.

L'âne cherche l'écorce rugueuse pour se gratter.

Voici une jolie bride à œillères en cuir fauve. Les grelots servent à rythmer l'allure lorsque l'âne est au trot.

UN MATÉRIEL BIEN ADAPTÉ

Les harnachements et la sellerie, que vous trouverez dans le commerce sont rarement adaptés aux ânes dont la morphologie diffère de celle du poney ou du cheval. Dans ce chapitre figurent les points importants à prendre en considération lors de l'achat de matériel mais aussi des conseils qui vous permettront d'adapter le harnachement à la morphologie de votre âne.

LICOL ET MORS

L'âne a une force surprenante au niveau de sa tête, et vous aurez parfois du mal à vous faire obéir avec un simple licol. Même en main, il est prudent de le mener avec un bridon. Si l'âne est craintif, équipez-le d'une bride à œillères qui cache de sa vue latérale tout ce qui peut l'inquiéter.

La tête de l'âne est plus longue et plus large que celle du poney. À taille égale, choisissez le modèle « double poney ». Lors de l'achat d'une bride, vérifiez :

• ***La sous-gorge***

Il faut qu'elle soit suffisamment longue (minimum 60 cm), car les ganaches de l'âne sont particulièrement

Un filet avec muserolle. Préférer le mors droit au mors brisé.

Une bride à œillères pour l'attelage.

Le licol et la longe sont les premiers achats.

fortes. Vous devez pouvoir laisser un poing serré sous la sous-gorge bouclée, pour qu'elle ne gêne pas sa respiration.

• *Le frontal*

Celui destiné au poney est trop court, ce qui comprime les oreilles et ramène les montants trop près de l'œil. Achetez un frontal « taille cheval » de 350 à 370 mm de long. Vous l'adapterez sur une bride taille poneys.

• *La bride à œillères*

Lorsque vous réglez la bride, commencez par centrer l'œillère sur l'œil, elle ne doit pas y être plaquée, mais légèrement écartée. Préférez une forme bombée.

• *Le mors*

Le mors de filet brisé, qui agit sur la commissure des lèvres, est le plus doux. Les mors de bride, qui agissent sur les barres avec l'effet d'un levier par l'intermédiaire d'une gourmette, sont plus autoritaires. Ils conviennent pour les ânes. De part et d'autre de la bouche de l'âne, le mors ne doit dépasser que de quelques millimètres. La plupart des mors du commerce sont trop grands pour la bouche d'un âne. Il faut donc chercher des mors anciens ou raccourcir un mors en coupant une partie et en ressoudant.

• *Le licol*

Choisir le licol qui dispose du plus de points de réglage possible. Le modèle « double poneys » convient généralement à un âne d'une taille de 1,15 m à 1,30 m.

LA SELLE

Les selles traditionnelles pour poneys ne s'adaptent pas toujours correctement au dos de l'âne. Pour les empêcher d'avancer sur l'encolure, il faut

Une selle pratique pour les enfants.

Apprendre à exécuter le nœud de cravate.

ajouter une croupière. Les selles Mac Clellan ou les selles à panneaux articulés sont préférables. La selle western, peu onéreuse va particulièrement bien. Son pommeau surélevé retient le cavalier lui évitant de glisser vers l'avant lorsque l'âne baisse l'encolure. Une bonne selle western est robuste, facile à entretenir et se passe de tapis si ses panneaux sont recouverts de peau de mouton synthétique. Le commerce propose trois tailles. Il faudra apprendre à nouer la sangle avec un nœud de cravate.

LE HARNAIS À BRICOLE

• *Choix d'un harnais*

Vous serez certainement étonné par les différences de prix entre les harnais proposés sur le marché. Si vous attelez rarement, un harnais d'importation suffit, à condition que sa taille corresponde à votre âne.

Quel que soit le harnais convoité voici quelques critères de choix :

- La longueur totale des guides est de 7 m au minimum.
- Vérifiez que les sangles coulissent bien dans les boucles.
- De solides passants qui rendent la sous-ventrière solidaire de la sellette et évitent les pincements de peau.
- Si vous achetez du matériel d'occasion, vérifiez l'état des coutures qui peuvent être brûlées par la sueur acide. En pliant une lanière, vérifiez que le cuir ne se craquelle pas, car le cuir « cuit » et desséché est irrécupérable.
- Graissez abondamment le cuir de harnais avec de l'huile de pied de bœuf pour garantir sa souplesse.
- Les harnais en sangle sont légers, faciles à entretenir, lavables et particulièrement économiques. Ils correspondent à un travail occasionnel.
- Les harnais de travail sont généralement en cuir résistant. Les traits peuvent être en chaînes ou en cordes.
- La bricole doit être large pour répartir les efforts de traction. Un collier ajusté est mieux adapté aux tractions importantes que la bricole.

• *Les problèmes de taille*

La morphologie de l'âne diffère de celle du poney, ce qui implique la modification de plusieurs pièces de harnachement.

Pour choisir un harnais, prenez en référence les mesures du tour du corps derrière les membres antérieurs et la longueur du dos entre le garrot et la naissance de la queue. Il est préférable de rallonger la bande de dos que de toucher à la sellette.

Vérifiez les longueurs des sangles d'attache et assurez-vous de pouvoir faire des trous supplémentaires pour rallonger l'ensemble.

Un âne correctement attelé.

Tenez également compte du fait que, progressivement, votre âne va s'étoffer. Choisissez le harnais qui dispose d'un maximum de boucles de réglage.

LA VOITURE D'ATTELAGE

Pour débuter en attelage, équipez-vous d'un sulky en tube, léger et facile à tirer, même pour un âne jeune. Les meilleurs modèles sont équipés avec :

– des amortisseurs. C'est un argument surtout si vous avez le dos fragile et si vous circulez sur des chemins de terre,

– un palonnier où se fixent les traits; ils évitent les frottements douloureux de la bricole sur le poitrail;

– des pare crotte, un porte fouet et un emplacement sous le siège où vous glisserez votre pique-nique.

Les brancards réglables en longueur, en largeur et en hauteur s'adapteront à toutes les tailles d'ânes.

Portez votre choix sur un modèle dont le siège est suffisamment haut pour voir la route par dessus l'âne lorsque vous êtes assis.

LE BÂT

Le bât comprend un arçon rudimentaire équipé de pièces de cuir qui

Le bât américain complet avec sous-ventrière.

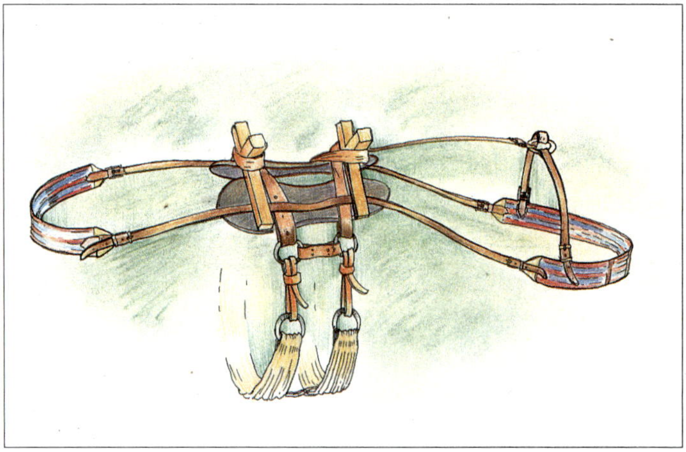

À gauche, le bât de l'Ariège. À droite, le bât américain.

servent à le maintenir en place et à arrimer les caisses ou les paniers de transport. Vous trouverez dans le commerce des bâts en bois ou en matière synthétique. Les modèles en bois sont constitués de deux bandes en contact avec le dos de l'âne, reliées par deux croisillons où sont suspendues les charges.

Le harnais classique comprend une bride, une bricole, un avaloir, une ou deux sous-ventrières. Le bât se place sur un épais tapis en feutre ou en mousse.

Le bât dit « l'Ariège » est utilisé depuis des lustres dans les régions montagneuses, pour transporter toutes sortes de matériaux et pour le passage dans toutes les situations inaccessibles aux véhicules.

En randonnée l'animal de bât porte tout ce que les sacoches de selle ne peuvent contenir pour un long périple. En randonnée à pied, le bât vous évite le transport de lourds sacs à dos, tout en vous faisant profiter de l'agréable compagnie de votre âne.

L'âne est un merveilleux compagnon pour une randonnée à pied. Vous bénéficiez de son amitié et il vous soulage en transportant votre matériel dans les caisses de bât.

Lorsque vous menez un âne en main, exigez de lui qu'il reste à votre droite, qu'il vous suive sans devoir tirer sur la longe et qu'il ne vous dépasse pas.

ÉDUCATION ET DRESSAGE DE L'ÂNE

Un âne ne se dresse pas ; il s'éduque ! Dans un climat de confiance vous obtiendrez de lui beaucoup plus que par la contrainte et la peur du châtiment. Un âne est plus familier et beaucoup plus « près de l'homme » qu'un poney ou qu'un cheval. L'âne marche au sentiment et vous obtiendrez beaucoup de lui s'il a confiance en vous.

ÉDUCATION PROGRESSIVE

Les trente kilos de peluche de votre ânon se transforment progressivement en 150 kg de muscle et, si vous n'y prenez garde vous serez vite dépassé par ses débordements familiers. Douceur et patience n'excluent pas la fermeté. L'intonation de votre voix vous permet de communiquer

Une attitude à éviter.

avec votre ânon qui petit à petit s'habitue à vous. Méfiez-vous des premiers contacts avec les autres animaux familiers comme le chien, le chat, les volailles, qu'il aime courser. Voici votre calendrier d'éducation et de dressage :

A moins de six mois, il n'est pas encore séparé de sa mère qui fait son éducation. Une mère craintive rendra son ânon craintif. Caresses et brossage réguliers l'attachent à vous. En usant de patience, habituez-le à se laisser soulever les pieds.

Vers deux mois, habituez-le à porter un licol, mais ne l'attachez pas à un point fixe car, pris de panique, il peut tirer au renard. Évitez l'épreuve de force au cours des premiers mois. Habituez-le à suivre sa mère en étant tenu à la longe. Il faut savoir qu'un âne s'ennuie lorsqu'il est seul. Il a besoin de vous voir régulièrement, il n'est pas pour autant nécessaire de le gaver de récompense.

L'étape située **entre un an et deux ans** est la plus délicate car l'âne est joueur et n'a pas l'esprit au travail. C'est la période où il prend de la force et doit cependant apprendre à vous respecter.

QUELQUES ATTITUDES SURPRENANTES

Ne laissez pas appuyer sa tête contre vous et se cabrer comme il le faisait avec sa mère. C'est dangereux.

S'il court derrière vous en couchant les oreilles, ne vous laissez pas intimider.

Stopper un âne qui fonce vers vous.

L'ânon aime mordiller. Laissez à sa disposition un pneu, des bûches en bois ou un vieux seau sans anses avec lesquels il passera son temps à jouer. Mais ne le laissez pas vous mordre.

S'il vient à vous au triple galop, c'est pour vous inviter à jouer. Arrêtez-le cependant à deux mètres de vous en levant la main.

Vers dix-huit mois, il se montrera certainement insupportable comme un jeune chien. Soyez patient car vers l'âge de deux ans, il se calmera naturellement.

Faites-vous obéir d'un coup sec sur le bout du nez accompagné d'un « non » ferme. S'il n'obéit pas, servez-vous d'une cravache ou d'un journal plié pour lui exprimer votre désapprobation.

COMMENT LE MONTER

Le squelette de l'âne n'est achevé que vers cinq ans. Il est donc fortement déconseillé de faire supporter un poids important sur son dos avant cet âge.

Dès deux ans et demi, trois ans, vous pouvez cependant commencer à asseoir un jeune enfant sur ses épaules ou sur sa croupe. Une selle adaptée est indispensable pour plusieurs raisons :

Il n'est pas facile de rester en équilibre sur le dos d'un âne, car son garrot n'est pas proéminent, il est difficile de se tenir à sa crinière très courte et son port de tête est relativement bas ce qui fait glisser le cavalier en avant en cas d'arrêt brusque. De plus, contrairement au poney tout en rondeur, le corps de l'âne est assez fin et manque d'assise.

La chute la plus classique.

COMMENT L'ATTELER

Vers deux ans et demi, vous pouvez commencer à apprendre à votre âne les exercices préparatoires à l'attelage dans une pâture ou dans un enclos fermé.

Au préalable, vous lui aurez appris à accepter le mors, la sellette ou une selle normale et à s'arrêter.

PRÉPARATION À L'ATTELAGE

Bridez-le et posez sur son dos la sellette du harnais ou un surfaix à anneaux ou encore une selle normale. Passez les guides dans les clefs de la sellette ou dans les étriers. Placez-vous à environ deux mètres derrière l'âne avec en main un fouet ou une badine pour le stimuler à avancer.

Il doit cependant obéir à la voix et aux ordres du mors. En tournant ses oreilles vers vous, l'âne vous indique qu'il est attentif. Les ordres de la voix doivent être clairs et courts (une à deux syllabes) et toujours identiques.

L'intonation est importante : la voix traîne pour le faire arrêter « Hoooo » mais elle est plus sèche et volontaire lorsqu'elle donne l'ordre d'avancer « allez ou hue ».

Flattez-le de la voix s'il obéit et récompensez-le à la fin de la séance qui doit être courte.

Fixez-vous des buts de conduite : aller jusqu'au poirier, tourner et s'ar-

Une bonne façon de préparer l'âne pour l'attelage : le travail aux longues rènes.

rêter à la barrière. Un aide remet l'âne dans le droit chemin s'il a tendance à revenir constamment vers vous. Il faut également l'habituer à porter son harnais, mais sachez que son premier réglage prend une bonne heure.

PREMIÈRES LEÇONS ATTELÉES

QUELQUES PRÉCAUTIONS

Ne partez pas sur la route sans être assuré.
Choisissez un terrain bien roulant, sans ornières ni difficultés imprévue : tracteur, rencontre avec d'autres chevaux.
L'âne est un animal très émotif. Pour vous assurer qu'il ne soit pas crispé, présentez-lui une friandise. S'il la garde dans sa bouche sans l'avaler, c'est qu'il est inquiet; remettez la sortie à plus tard. L'aide (nommé groom en attelage), reste discrètement à la tête en intervenant le moins possible, car l'âne doit obéir au meneur.
Après avoir pansé l'âne, garnissez-le avec les harnais.
Notez que toutes les interventions seront faites sur le côté gauche.
Ne laissez aucun cuir traîner par terre.

ORDRE DE GARNISSAGE

La bride est placée en premier et sera enlevée en dernier, elle permet de maintenir l'âne.
La sellette se place derrière le garrot (après la croix). Le culeron est débouclé pour faire passer la queue.
Mettez ensuite la bricole en place et croisez les traits sur le dos de l'âne.
Avancez ensuite doucement la charrette. Abaissez lentement les brancards, en les relevant plusieurs fois pour vous assurer que l'âne supporte leur contact. Fixez les traits et les

Une façon pratique et correcte pour tenir les guides.

courroies de reculement en les réglant de façon à laisser une largeur de main entre la cuisse de l'âne et sa fessière. Bouclez lâchement la sous-ventrière après avoir vérifié le serrage de la sellette. Le meneur garde les guides en main pour monter dans la voiture et s'assoit à droite comme c'est de règle en attelage.

LE DÉPART

Pour les premiers départs, l'aide suit sur le côté, à hauteur de la tête, et se laisse progressivement dépasser.
Il se place ensuite à côté du meneur, prêt à descendre en cas de problème, car la présence au niveau de la tête sécurise l'âne.
Les guides peuvent être tenues une dans chaque main ou les deux dans la main gauche comme l'indique le croquis.
Tenez le fouet dans la main droite. Évitez de frapper avec les guides sur le dos de l'âne pour lui demander d'avancer, car en même temps vous lui tirez dans la bouche.
Demandez-lui d'avancer avec un « appel de langue » ou en disant « allez » sur un ton ferme tout en agissant éventuellement avec le

Le bât traditionnel américain le plus léger.

fouet au niveau de son épaule gauche. Ne soyez jamais brusque avec les mains, car vous le feriez souffrir dans la bouche.

Progressivement l'âne attelé prend conscience de la largeur de la voiture qu'il tire.

Le long des routes, sachez qu'un attelage est assimilé à un véhicule au regard du code de la route (lire *Guide du cavalier randonneur* aux Éditions Maloine).

COMMENT LE BÂTER

L'âne se prête particulièrement au bâtage. La bonne taille est de 1,10 m à 1,20 m au garrot, car un âne de taille modeste est plus facile à charger et à décharger. Préférez un âne dont le dos est court et droit. L'âge idéal se situe entre 5 et 15 ans. Il doit avoir de bons pieds.

Vers 3 ans, commencez à l'habituer au contact du bât que vous chargerez légèrement. Un âne entraîné peut porter un bât de 90 kg mais il est préférable de ne pas excéder 40 à 50 kg. Il faudra contrôler régulièrement que le bât ne blesse pas votre âne.

MANIPULATIONS DIVERSES

Voici quelques exercices destinés à juger les réactions de votre âne et à développer ses capacités.

Il vous permettront également de

Un bon entraînement avant la randonnée : franchir des barres au sol.

favoriser la confiance mutuelle qui vous lie.
À l'âge de un an, vous pouvez pratiquer ces exercices dans un espace clos. Il faudra les répéter régulièrement sous forme de jeu, par périodes de 10 minutes au maximum.

EXERCICE DE BASE

Apprenez-lui à rester attaché immobile.
Dès qu'il remue, secouer la longe d'attache en lui disant « non ».
Familiarisez-le au contact de la cravache sur tout le corps pour l'habituer aux branches qui ne manqueront pas de l'effleurer en promenade.
Apprenez-lui à se laisser conduire à côté de vous, sans traîner ni vous devancer, sans s'arrêter ni s'appuyer contre vous.

EXERCICES PLUS ÉLABORÉS

Guidez votre âne à travers un « labyrinthe » constitué de barres posées à terre.
Apprenez lui à reculer en appuyant doucement avec votre poing sur la pointe de son épaule tout en prononçant l'ordre « arrière ».
Faites-lui enjamber des barres posées à terre puis légèrement surélevées.

EXERCICES DESTINÉS À LUI FAIRE VAINCRE SA PEUR

Faites-le marcher sur une bâche en plastique.
Faites-le passer sous une bâche tendue entre des poteaux.
Obligez-le à mettre les deux antérieurs dans un pneu.
Faites-lui franchir un pont constitué par des planches.

Lorsque des ânes s'entendent bien, vous pouvez en mener plusieurs à la longe en même temps.

LEXIQUE DES EXPRESSIONS EMPLOYÉES

A

Ânesse suitée : ânesse suivie de son ânon qu'elle allaite.

Aplomb : direction des membres par rapport au sol, les bons aplombs sont dits « réguliers ».

B

Bourre : longs poils qui recouvrent l'ânon.

Barres : espace dépourvu de dents en avant des molaires.

C

Chaleurs : périodes pendant lesquelles la femelle est fécondable.

Chanfrein : partie de la tête qui va des naseaux aux yeux.

Châtaigne : traces de corne situées uniquement sur la face interne des membres antérieurs chez l'âne.

Castration : opération qui rend l'âne impropre à la reproduction.

D

Dos ensellé : dos creusé à partir du garrot.

F

Friches : terres non cultivées.

G

Ganache : région latérale de la tête en bas des joues.

Gestation : état de l'ânesse lorsqu'elle est pleine.

M

Mise-bas : accouchement de l'ânon.

R

Race mulassière : race de chevaux dont on se sert pour produire des mulets.

Rainette : outil tranchant courbe utilisé par le maréchal-ferrant pour tailler la corne.

Refus : partie de pâture délaissée par l'âne.

Robe : ensemble des poils et des crins qui recouvrent le corps de l'âne.

T

Tirer au renard : tirer brutalement en arrière en étant à l'attache.

QUELQUES ADRESSES UTILES

LES ASSOCIATIONS FRANÇAISES

(Élevage d'ânes français, utilisation, bulletins d'informations, stages de formation)

Asinerie picarde
Cidex 35
14, rue du Raguet
60800 Auger-Saint-Vincent
Tél. : 03 44 59 23 53

ADADA
Pissevache
19450 Chamboulive
Tél. : 05 55 27 92 39

ANENA
24, Grande Rue
60390 Villotran
Tél. : 03 44 47 77 43

AMAN
La Bartasse
12260 Saint-Igest
Tél. : 05 65 81 57 21

École du mulet
Ferme de Meras
09240 Nescus
Tél. : 05 61 64 50 66

POUR RANDONNER EN FAMILLE AVEC DES ANIMAUX BÂTÉS

Fédération nationale ânes et randonnées Broissieux
73340 Bellecombe-en-Bauges
Tél. : 04 79 63 36 97

Les Muletiers
BP 11
38250 Villard-de-Lans
Tél. : 04 90 25 67 13

RACES D'ÂNES RECONNUES EN FRANCE

Baudet du Poitou
Stud book. Association des éleveurs des races équines, cheval mulassier et baudet du poitou
127, rue de la République
85200 Fontenay-le-Comte
Tél. : 02 51 69 21 95

Parc interrégional du Marais poitevin Conservatoire des ressources génétiques
17170 La Ronde
Tél. : 05 46 27 82 44

Âne Grand Noir du Berry
Maison de pays
BP 10
18160 Lignières
Tél. : 02 48 60 09 11

Âne de Provence
Le Charmillon
73190 Saint-Jeoire-Prieuré
Tél. : 04 79 28 03 36

Âne des Pyrénées
Ferme de Meras
09240 Nescus
Tél. : 05 61 64 50 66

Âne du Cotentin
Hameau de Fains
14310 Villy Bocage
Tél. : 02 31 77 20 69

Âne normand
76610 Mairie de Chérisay
Tél. : 02 33 26 80 01

ÂNES PARTICULIERS

(non reconnus)

Ânes miniatures
Monsieur Hamelin
Le Moulin de Biard
72470 Saint-Mars-la-Brière
Tél. : 02 43 89 47 89

LES ASSOCIATIONS ÉTRANGÈRES

Belgique
ADODANE
94, rue du Travail
4821 Dison
Tél. : 00 32 87 33 7795

Angleterre
Donkey Breed society
Carol Morse
The hermitage, pootings
Edenbridge, Kent TN8 6SD
Tél. : 00.01732 864414

Donkey sanctuary
Sidmouth
Devon EX10 ONU
Tél. : 00 (501395) 578222

Allemagne
Interessengemeinschaft für Esel Freunde
Haarstrasse 194 a,
44797 Bochum
Tél. : (0234) 79 79 06

Hollande
Esel Stamboek
Ank Dekker
Voordijk 3330 a
2993 BA Barendreccht
Tél. : 0180 615005

Suisse
SIGEF
Anna Maria Matter
Mitteldorf 9
3283 Kallnach
Tél. : 032 392 18 23

Suède
Asneförningen
Foderbilund Molnby
18694 Vallentuna
Tél. : 0041 35 95 71 7

États-Unis
American Donkey and Mule society
2901 N. Elm street
Denton, TX 76201

MATÉRIEL POUR ÂNES

BÂTS, HARNAIS, COLLIERS, SONNAILLES

Bernard Lacuche
46140 Saint-Vincent-Rive-d'Olt
Tél. : 05 65 30 73 97

Sellerie Baude
La Maladière
26300 Bourg-de-Péage
Tél. : 04 75 02 15 39

Volot Robert
Châteauneuf
04200 Mirabail
Tél. : 04 92 62 01 87

Anehartrad
Le Grand Villalin
18120 Quincy
Tél. : 02 48 51 34 98

Dogon Frères
Zone industrielle
Route de Periers
50200 Coutances
Tél. : 02 33 07 57 30

SARL Fouillhoux
« La Sellette »
2, rue des Arches
77130 Montereau
Tél. : 01 64 32 52 63

Bât de l'Ariège
Sébastian Beltzer
09800 Antras

CAPLANN
2, rue Marcellin Berthelot
56000 Vannes
Tél. : 02 97 40 31 92

VENTE PAR CORRESPONDANCE DE MATÉRIEL POUR ÂNES

SARL Cab'âne
19450 Chamboulive
Tél. : 05 55 27 92 39

MATÉRIEL AGRICOLE

EBRA SA
BP 915
49009 Angers cedex 01
Tél. : 02 41 47 50 50

PROMMATA
Ancienne gare
09420 Rimont
Tél. : 05 61 96 36 60

À VISITER

Parc Le fou de l'âne
37403 Amboise
Tél. : 08 36 68 69 37

Maison du baudet du Poitou
Mules et chevaux mulassiers
La Tillauderie
17470 Dampierre-sur-Boutonne
Tél. : 05 46 24 07 72

Maison de l'âne et de la traction animale
Route de Gois
85230 Beauvoir-sur-Mer
Tél. : 02 51 93 85 70

BIBLIOGRAPHIE

Dictionnaire d'hippiatrique Cardini, Éditions Veuve Bouchard-Huzard.
L'âne et le mulet par R. Noter, Éditions S. Bornemann.
Être cavalier propriétaire, par C. Lux, Éditions Maloine.
Bulletins *Le chemin de l'âne*. Asinerie Picarde.
The professionnal handbook of the donkey. Elisabeth Svendsen. M.B.E.
Extraits d'articles parus dans les magazines spécialisés.

Achevé d'imprimer en décembre 2002
par Pollina, 85400 Luçon - n° L88490